낙동강문학 시인선 ①

불 륜

안미자 시집

홍익출판사

自 序

산 모퉁이에

폐타이어가 눈길을 멈추게 한다

버들과 풀꽃들이 이사를 와

한 가족이 되었다

폐타이어가 새롭게 태어 난 것은

흙에 던져졌기 때문이다

내 작은 밀알이

가슴 마다에서 밭이가 되었으면 한다

2008년 6월

안 미 자

차 례

제 2 부

제 3 부

제 4 부

제 1 부

상족암, 중생대

상족암 위에 중생대는 은파를 타고
해안으로 뚜벅뚜벅 걸어왔다
푸른 바다 속 숯덩이 같은 암석에
발자국은 지문처럼 찍혀있고
수억 년 전의 언어들이
밀려 왔다가 쓸려 나갔다
나무의 상처도 따 먹고
조가비의 장신구를 목에 걸고 앙상한 뼈에
붙은 살점
파도를 들이키며
수평선 너머의
중생대와 눈을 맞추었다
사람들은 서둘러
먼 신화를 찰가닥찰가닥 찍어댄다

생각하는 나무

거미줄처럼 집을 친
생각하는 나무가 자라고 있다
사시사철 오감으로 생각의 씨앗을 키우고
넘친 생각은 가지를 뻗는다
앳된 가지 어린아이처럼 자라 꽃이 되고
늙은 가지 마침내 구름이 된다
그 나무
아침마다 맑은 햇살을 키우고
밤에는 별빛 같은 눈빛을 키운다

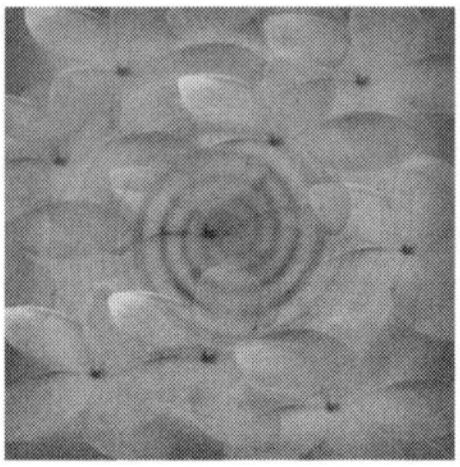

길

책 속에 길이 있고
친구는 누구와 사귀느냐에 따라
내 모습이 달라진다고 충고를 했다
머리뚜껑과 가슴을 반쯤 열고 다니는
나에게 뜸금 없는 화살이 날아왔다.
그건 나를 변화시키는 큰 화살 이였기에
자판에 꽂혀있는 새로운 길을 찾아
훔쳐보기도 했다
책 속에 길이 있다는 말을 듣고
먼 길을 애절하게 짝사랑하고
헐뜯고
질투하고
때론 절교도 했다

머리와 무릎을 조아리고
나를 만날 길을 닦는다

미이라, 그 여자

근엄한 얼굴로 긴 잠에 든 그녀
뼈와 살점은 흙에 내어주고
반듯이 누워있다
솜털처럼 가벼워진 그녀
검정구슬은 별빛이 된다
지상과 지하의 당김
그녀의 가랑이를 모으고 비단옷을 입혔다
옥비녀를 꽂고 꽃신도 신겼다
풀어 내쉬는 영혼의 소리
그녀는 투구를 쓰고 전장에서 돌아 올
그를 기다리고 있다
말굽소리 구름처럼 피어오를 때
불빛아래
오동나무 목곽에서
개선의 북소리가 진동을 한다

조각품이 된 여인

매화꽃을 꺾어 조각전시회에 갔다
하얀 바닥에 하얗게 엎드린
하얀 누드의 여인이 산고중이다
왼쪽 팔은 오른쪽 다리를 꽉 붙잡고
오른쪽 다리는 왼쪽 다리를 꽉 밀어붙인다
오른쪽 손은 뒷머리를 힘껏 잡아당기고
톱니바퀴 같은 이빨
왼쪽 손을 쐐기 물고 있다
희미한 조명 아래
이명소리 만큼만 들리는 산실

아가가 양수에서 파도를 탈 때마다
누드 여인
어느새 바다가 되었다

아이스 벨트

얼음의 엉덩짝에서
물이 줄줄 떨어진다
슬슬 무너진 빙산 물에 잡혀 먹힌다
아이스필드에서
애걸하는 백곰과 바다코끼리 펭귄
퐁당퐁당 노략질하는 섬들

방심했다가
파미르고원이 고래 등처럼 솟아오르면
공룡처럼 화석으로 남을지 모른다

눈치 빠른
아이스 벨트가 오고 있다

거미집

거미는 제 살을 뽑아 제 집을 짓는다
나뭇가지와 풀은 기둥이고
탱탱한 그물은 하늘을 받치는 서까래다
은하수가 정원에 흘러내릴 때
얽고 얽히는
거미의 가면극, 순환의 향연이 흥미롭다

이슬방울처럼 매달린 새끼
옴실옴실 몸을 푼다

쭈글쭈글한 빈 몸
옹골찬 찬바람 몰려오면
풀한 포기 없는 황량한 빈 뜰에서
빈 집만 지킨다

어느 조각전시장

동공은
성희롱과 성행위를 엿보고 있다
처녀막, 장미빛이 찢어지는
들릴락 말락 한 포즈를 조각했고
백악기 티라노사우루스의 성행위를 조각하고
땅속개미의 오르가즘도 조각했다

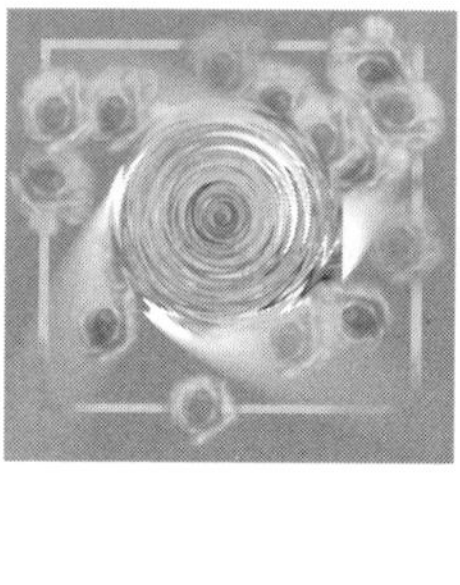

겨울비

겨울비 속으로 달려간다
비도 나를 따라 온다
빗물이 길을 질편하게 만들고
입술 열 준비를 하고 있다
땅속 벌레들은 빗소리를 들을까
뿌리들은 잠에서 깨어날까
벌써부터 땅속을 들어다 보았다
씨앗들은 나의 손목을 잡았다
나도 씨앗의 팔을 잡았다
빗물 속에서
나와 씨앗이 젖었다
남쪽으로 지나가는 비
씨앗에게 길을 열어 주려고
이토록 몸 뼈 굳은
겨울에 골목을 지나는가 보다

플러그에 갇히다

그는 아침에 출근을 한다
현관문은 내가 닫지 않아도 서툴게 찰까닥
소리를 내며 자동으로 닫힌다
나는 플러그를 끼운다
모닝커피를 마시고 팝송도 듣는다
가요 쇼도 보고 인터넷 항해도 한다
오전 시간은 플러그에 끼워지고
나는 플러그에 갇혔다

밥솥에 밥을 안치고 국을 끓이고
냉장고 문을 열고 닫으며
전자레인지가 얼었던 시간을 녹일 때

어스름 짙은 베란다 밖 가로등도
밤의 플러그에 갇힌 것을 알았다

대나무 숲에서

황금들판을 눈에 넣으니
황금정원이
내 곁에 다가온다
스산한 바람이 대나무 잎에 앉는다
대나무의 올곧은 절개는
댓잎이 풍기는 향기가 아닐까
대잎차의 은은하고 맑은 향기가
동맥과 정맥의 혈관을 타고
줄다리기를 한다
내 잠자는 머리를 일깨운다
가슴을 잠재운다
온 몸에 댓잎 향기 채워져
내가 대나무 숲을 걸었는지
대나무 숲이 나를 따라다녔는지
나는 어느새
대나무가 되었다

폐교가 시끄럽다

장미꽃을 피우느라 부산한 폐교에
파도 소리를 닮은 화단이 시끄럽다
열대림을 떠나온 초등학생 아닌 학생이
사막의 모래알 구르는 소리만큼만 들리는 교실에서
체온단련 수업을 받고
수백만 길을 날아 온 나비는 긴 잠에 빠져있다
별을 등에 업은 거북과
지문을 등에 박은 보아구렁이는
바오밥나무 옆에서 꾸벅꾸벅 졸고
도마뱀 나뭇잎 사이에서 열애중이다
악어의 트림과
나의 트림은 똑같이 닮고 똑같이 시끄럽다

눈도 시끄럽고
숨소리도 시끄러운 교실에는
현재도 수업중이다

주남저수지

홀로 떠 있는
실버들가지에 시름을 걸은 바람
넝쿨처럼 밀려오는 은빛 물비늘 속에
꽃잎은 떨어지고
서걱거리는 갈대 숲 사이로
그리움 매다는 철새

몰아치는 칼바람에
수중발레처럼 날갯짓 하다 비상하는
철새들의 환희

물보라 일어
석양의 이미지가 밀려오는
은빛낙원이다

이 장

심장박동을 멈춘 울화
돌처럼 굳어버린 혈관
기억의 세포가 파괴되어
흙의 감옥에 갇혔다

나무수의 틈새에 숨은 마음하나
바람에게 전하지 않았고
저편, 비밀 화원의 묘비에
단서하나 새겨있지 않는데도
영혼을 비워내지 못한 죄로
뼈와 살은 옛집에 남겨두고

손 안의 한 줌 영혼
묘비에 새긴 이름에게
저승을 묻는다

오월에 보내는 편지

그대는
아카시아 꽃잎이 터지기도 전에
향기로 피어납니다
장미넝쿨은 그대를 칭칭 감고
연초록의 잎 새는
그대의 노래를 푸르게 푸르게 부르지만
붉은 유월의 노래는 부르지 않습니다
햇살이 그대에게 머물고 싶어 할 때
꽃잎과 꽃향기를 시샘 하는
바람의 허리를 구름이 꼬집습니다
라일락의 그리움이
꽃잎에서 멀어질 때면
아카시아의
꽃잎이 터질까 봐 조심스럽습니다

사 과

상자 속에서 사과 하나가 나온다
또 하나가 나올 준비를 하고 있다
지난 봄날을 동경하는 것일까
햇빛을 그리워하는 것일까
씨앗들의 잔잔한 속삭임
귓전으로 밀려온다

무슨 상념에 빠졌을까
껍질을 보고 향기를 맡고

하나 둘 셋 아삭아삭 소리를 낼 때
속살의 핏물이 턱밑까지 내려온다

씨앗은 흙으로 떠난다

화분갈이

흙의 문을 열었다
숨소리가 쌔근쌔근 들리고
잔기침하는 뿌리에 둥지를 틀은 폴립
화분을 온통 감싸고 있다

내 숨소리도 그 속으로 가두었다

흙 속의 미물들
눈을 떴다 감았다 내 눈과 맞춘다
뿌리의 절규
잎 새들의 환호

숨 쉬는 것의 경이로움
내 삶의 향기도
그 속에 심었다

제 2 부

펄 파라다이스

S자 해안의 삐삐섬에
성기에 오데카를 씌운 조각상 추장은
일주문에 문지기처럼 서 있고
바다는 배를 쭉 내밀고 있다

갯벌에서 태어난 조개와
조개에서 태어난 진주
다 썩은 짚에서 반딧불이 태어나듯
눈물을 모아 빛으로 태어났고

원시식인종 아스마트족은
해오름을 바라보며

영혼과의 소통을
조각하고 있다

고흐가 잠든

내 눈과
늙은 화가의 움푹한 눈이 사랑에 빠진다

고흐의 해바라기를 닮은
내 얼굴에 까만 씨앗을 술술 뿌려댄다

달 보며
별 보며
방랑하는 보헤미안

고흐가 잠든
묘지 앞에
서 있다 작은 내가

베네치아의 노을 빛

노을빛이 닻에 걸렸을 때
플로리안 카페의 무지개 빛 정열에 넘친다

정열의 칸소네 산마르코 광장에서
기타 줄을 고를 때
재비둘기와 나는 뱃노래를 불러댄다

건너면 돌아올 수 없는
탄식의 다리 아래
곤돌라 사공의 이마는 쪽빛 물결 같더라

야망을 바닷물에 던진 사내
고향의 봄을 토해낼 때

물방울 같은
뱃노래
허공 속으로 흩어진다

토 용

황제는
공사 중이다
흙은 병사를 굽고 병마도 굽고 병기도 굽고
황제도 구웠다
광활한 지하궁전에서
흙을 호령하며 불멸의 존재로 우뚝 선
황제의 불로장생 약초와
심장의 박동
간질 간질거리는 기관지와
목청조차도 구웠다
거북이 등처럼 쩍쩍 금이 간 어깨
근육 속 핏줄의
끙끙거림

우물 파는 소리에 들키고 말았다

황룡동굴

바닥에서 치솟는 남근
천장에 매달린 돌고드름
떨어지는 물 한 모금이 유혹할 때
돌기한다

모래알 몸 비비듯
서걱거리는 소리

석회암
폭포수 아래
황색에서 합궁한
돌고드름과 돌 뿌리

일만 년의 그림자 속
남근들이 발기하고 있다
호수를 깔고 있는
자궁 속에서

아이슈비츠

빨간 벽돌을 부여잡고
깊은 선율을 타고
소리 없는 가스에 부둥켜안은 채 또
불꽃을 갈아입은 하얀 나비
철조망 가시 사이사이에
하얀 이빨 깨물고 벽보처럼 걸려 있다
찬 이슬 머금은 철도
오들오들 떨고 있다

풀밭에 떨어진
꽃잎의 눈시울에 얹혀진
바이올린의 선율

※ 바이올린의 선율 - 가스실로 끌려가는 사람들의 고통을 덜어주기 위해 음악을 연주했는데 그 중에서 두 여인은 생존중이다. 두 여인은 지금까지도 참회의 눈물을 흘린다고 한다.

인디언 보호구역

내가 그들의 광대뼈를 닮았고
그들의 광대뼈가 나의 광대뼈를 똑 닮았다
펑펑한 엉덩이 실눈도 흡사하다
붉은 태반이 초록의 땅에서 발효되고
황색을 두르고
휘파람을 불며 초원을 누빈다

일출이 아름답고
침엽수 사이로 노을이 아름답지만
점점 묽어진다

평화롭게 보이는
초원의 정적

황색 백색
높은 벽이 있다

빛과 동상

바위 틈새를 스쳐 지나는 바람은
소금의 몸을 건진다

머리에 수건을 두르고 소금을 날랐던 바람
램프의 빛을 나른다

아 소금동상으로 서있는

상들리아 불빛 아래
영원불멸의 요한 바오르 2세

공주의 약혼반지마저
폴란드의 빛이다

폼페이의 잠

내 각막
빛으로 땅 속을 빠개었다

거대한 불의 전주곡이 울려
포도송이가 용암으로 흘러내리고
민달팽이를 닮은 사람들이
부글부글 끓는 잿물에서 굳어갈 때
여인들의 몸에서 금화가 울고 있다
마차에 포도주를 주렁주렁 매달은
마부의 마지막 폭소는
벽화 속 꽃잎의 가랑이에서 화석으로 굳었다
불덩이 속에서
일그러진 사랑을
카프리 절벽을 지나가는 바람이 붙잡고 있다
죄수와 사자가 불을 토해 낼 때
화석이 된 사람들
붉은 잠에 깜박 잠들었다

볼프강의 호수

알프스와 호수는 화선지와 붓이다
굽이굽이마다
요들 송
암반에서 흘러나오고
바이올린의 선율
옥빛 잔잔한 물결에 떠도는
고전주의 악보는
18세기를 불러낸다

그를 바라보는
높은음자리표
꽃 베고니아

흰 황금이 된 짤즈컴머굿

모짜르트는
어머니의 산실이다

공 간

장미만 그리는 화가는
공간을 살짝 비워두었다
넝쿨이 봄을 떠 밀어 올릴 공간과
초록이 숨을 멈출 공간을 찾아
나비가 진주 빛 비늘조각을 뿌릴 공간과
오감이 꽃잎을 간질거릴 공간
농축 된 강렬함의 공간
황홀함의
공간도 비웠다
울타리와 사랑 할 공간은
지워버렸다

장터에서

햇빛 가리개를 둘러 쓴 사람들 속에
눈 시린 초록이
중국 러시아 일본 말로 목에 핏대를 올린다
생선의 누른 눈알 초록핏물을 응시하고
햇살에 몸을 녹이고 있다
그 사이로 채색된 과일들이 난장에 나 뒹군다
비린내는 햇살과 몸싸움을 하고
조개들의 혓바닥은
한 여름에 개의 숨소리처럼 헐떡거린다

들어온 돌이 박힌 돌을 뽑는다

꽃들은 모든 것들을 위로 한다
땀방울 맺힌 이마의 주름살 위에
노을빛은 숨을 거둔다

불 륜

황색피부에 각선미를 들어내고
실크스카프로 아랫도리를 살짝 가리고 반듯하게
누운 여인이 너와 나 사이라는 꿈을 꾸고 있다
그녀의 그는 실오라기 하나도 걸치지 않은 채
그녀의 환상 속으로 빠져 든다
그들의 알몸이 화끈 달아올라도
남을 두려워하거나 의식조차도 하지 않는 그들의
알몸에 사람들이 플래시를 켜도
부끄러워하거나 숨거나 도망치지도 않는다
별빛이 하나 둘 사라지고
아침이슬이
알몸에 방글방글 맺히고
유리창 너머로 비치는
한 줄기 빛

부적절한 관계를 즐기는
사람들만 가득하다

사색여행

눈꽃송이를 지우며
시선을 태우고
절벽에 매달린 새벽

황홀한 빈집 창틀에
시커멓게 매달린 눈망울
레일에 피었네

아직도 귀가 뚫리지 않은 폐광

산들바람
연분홍 꽃봉오리
계곡의
버들강아지 햇살에 누웠네

내 속의 잉크방울
풍경의 언어를 풀어낼 때
마음은 남고
기차는 홀연히 떠난다

겨울 숲에서

숲 속에서 바람을 엿들었다

뿌리의 관절에 떨어진 햇살
나무와 나무사이
계곡과 계곡 사이를 오가며
물의 소리를 읽는다

빙수 한 사발
햇살에 녹아내리는 소리

살얼음 속
몸 비비는 돌멩이
물이끼는 파란 입을 다신다

암벽에 뿌리박은
소나무의 발자국
겨울 계곡은 몸을 풀어낸다

땅거미

4차선 도로의 1차선에
만삭이 된 땅거미가 깔린다
나는 차를 세우고
땅거미 빨리 어둠 속으로 사라지라고
경적을 울린다
그것은 내가 아주 급할 때 울리는 경적이다
땅거미 2차선에서 갓 길로
다급하게 몸을 돌린다
반대편 차선에서
땅거미
어둠 속으로 가지 않고
갓 길 틈새로
몸 풀러 갔다

장유산에게

초록과 초록사이
구름을 타듯 흔들거리고 비틀거리는
나를 좀 보아주세요
헐떡거리는 심장의 힘겨움이
금방이라도 떨어질 바윗덩이 같아요

얼굴을 삼키려는 지열

산 공기를
한숨 들이쉬니

돌덩이 부석거리는 소리가
풀섶에 주저앉는다

가을저녁에

꽃들은 얼굴을 내민다
꽃들만 내미는 것이 아니고
늙은 호박도 내민다
개미들은 엉덩이에 뿔을 달고
붉은 속살과 단맛의 유혹에 빠진다
적막이라는 것
환희 즐거움이라는 것
뭉그러진 속살 꿈틀거린다
그러나
단맛만 있는 것이 아니다
세월의 서러움도 있다

속살을 다 빼앗긴

이리저리 흩어진 사리들
숙명의 윤회를 기다린다

폐타이어

앞산에 폐타이어 가족이 이사를 왔다
매일 아침 그 집 주인은 쉬어가라고 붙잡는다
그 집에는 계절마다 주인이 바뀐다
작은 풀꽃 가족들은 꽃을 피우고
억새풀 사이에 햇살이 놀다 가고
저마다 씨앗 품느라
까투리처럼 깜박거리며 조용하기도 하다
서리와 눈은 지붕에 잠시 앉았다 갈 뿐
돌개바람은 계절의 꽁무니에 달라붙는다
정원의 흙과 내 마음의 정원만 서성거리며
그 집을 지킬 뿐이다

설거지를 하며

목화 꽃이 핀 앞치마
뜨거운 물에 꽃잎이 시들어도
꽃잎이 불에 태워져도
움직인다 움직임이 일상이다
입술이 부르터도 지구가 도는 것처럼
돌면서 움직인다
꽃잎 사이사이에 먼지가 숨통을 막아도
하얀 울음 토해내지 않는다
발이 부르터도 슬퍼하지 않는 까닭은
집안의 온기를 품고 있기 때문이다

앞치마의 고뇌는
풍경의 소리를 그려 넣지 못한다

식인 물고기

황홀하게 서 있다
파라니아 무리 속에서

언젠가는
젖줄이 잘려나가고
내장도 꾹꾹 씹힐 줄 알았다
눈빛이 출렁이고
붉은 심장의 리듬이 끊이지 않을 때
갈비뼈 사이의 살점은 살금살금 뜯겼고
물렁뼈도 야금야금 먹혔다
뼈 속의 누른빛
등골이 환하다
파 먹힌 두개골
빈 깡통처럼 요란할 때

뼈대만 앙상한 고요를 지킨다

테라코타

어느 겨울의 오후
경남도립미술관 안으로 들어서는데
불의 노래가 이명처럼 들리고
열과 빛 불꽃 흙과 철 유리 밀랍들이
오케스트라처럼 울리고 있다
머리를 두 갈래로 땋은 그녀의 검정색 피부는
아프리카인을 닮았고
하숙집 할머니 주름의 누드
황토색으로 달아 올라있다
시커먼 그을음과 황토 물을 왈칵 뒤집어 쓴
익명의 얼굴들
불의 노래 불러대느라 입 모양이
가로와 세로 높고 낮음이 다르다
테라코타가 된 나와
알토의 앙증맞은 물체들
겨울의
이슬비와 동행 한다

※ 테라코타 – 흙을 불에 구운 점토

심전도

바위에 엎드려
바위의 소리를 스케치 한다

거미집이 햇살을 끌어당기고
청개구리의 목에서 불만이 불룩거릴 때
상수리 열매는 구시렁거린다
때죽나무 열매에 물고기가 둥둥 뜨고
바위의 관절에 개미가 움막을 짓는다

절박한 몸짓에
숨을 고르는 배추흰나비
그리움을 엮는 나이테는
나뭇잎에 문장을 불러 모은다

초록 속에서
자폐증을 앓고 있는 나

나를 스케치 한다

어시장

아가미로 바다를 삼킨 놈들
집게 발가락에
바다를 끼운 꽃게
집 한 채를 짊어진 소라
얼금얼금한 그물에 갇혀 배에 승선을 한다
항구에 닿자
수족관에 갇힌다
놈들의 몸값이 계산기에서 출렁출렁 인다
하루 이틀 사흘

물살은 속내를 알고 운다

꽃상여에 얹혀 질 살점과
석쇠에서 다비 될 뼈다귀
검정색 비닐이 입을 벌릴 것도

안구 건조증

사막의 바람은 불어오지 않는다
모래가 굴러다닌다
저들끼리 다툼을 하는 것 같다
모래는 밀려나지 않을 기색이다
눈물도 지지 않을세라 멈춰버린다
한 여름 날의 가뭄처럼

빛의 원액으로만
아름다울 수는 없는 것

비가 올 기색이 없는
사막으로
가는 길에서

제 3 부

가을비

나무는 겨울잠 준비하느라
잎 새에게 창문을 닫고
뿌리들은 어둡고 깊은 곳에서
잠자리를 찾는다
단풍잎은 바스락거리며
누르락붉으락
아래로
아래로 내려오고 있다
가을 산을 물들이며
화려한 외출을 했다
저마다의 찬란한 빛깔에
하늘은 질투 섞인 자연의 언어로
가을비를 뿌렸다
창백해진 낙엽은
뿌리 곁에 살며시 누워
가을비 속으로 숨는다

캥거루를 생각하다

그녀가 누워있다
수술기구들이 휙휙 지나간다
나는
두개의 열매가 잉태 되었을 때를 생각한다
붉은 꽃잎이 떨어지려 할 때도 생각한다
그녀 심장이 팔딱거릴 때
내 심장도 팔딱거렸다

숨을 내어 쉴 때
양수 속에서 헤엄치듯
힘찬 소리가 터져 나왔다

희미한 맥박
신음
그녀와 나란히 누웠을 때
나는 캥거루를 생각했다

옷걸이

마음도 옷걸이에 걸어볼래요
내가 외출을 하면
구석구석 구경을 하고
베란다와 장롱에서 친구들과 만나기도 한대요
불평도 늘어놓고 대화도 하고
후줄근한 껍데기의 냄새
시장경기의 흐름과 패션에 대해

거울 앞에서
구부러진 어깨를 보고 무서워해요
그걸 들키면 버림을 당할까 봐
모퉁이에서 울고도 깔깔 웃기도 한대요

옷걸이들은 우리 집
비밀의 소리를 엿듣기도 하나 봐요

경매장

햇살에 잘 익은 사과의 볼처럼
빨간불로 왔다가
설익은 사과처럼
파란불로 떨어지기도 한다

골대에 튕겨
골인이 되지 못하는 축구공 같기도 하다

봄의 바다가 되었다가
폭풍에 상처를 입기도 한다
기대와
절망의 소실점

빨강과
파랑이
신호등처럼 깜박거리며
멀리서
왔다가 떠나기도 한다

일 몰

처음으로 사랑을 배울 때
하얀 포말과 노을빛이 속삭이는 걸 보았어요
발자국에 모래 꽃이 피는 것도 보았고요

비상하는 바다새가
바닷물에 그림을 그리는 것도 보았어요
해초가 물고기를 품는 것도 보았고요

은빛물결의 춤사위
바람결에
사랑도 사라지고
일몰 속에서
손상된 이별

해와 바다는 거기 있었어요

낚 시

낚싯줄에 꽂힌 꽃잎이 바다를 건진다
검푸름과 뭍의 당김
물살을 후려치며 싸돌다
햇살에 물렸는지
햇살이 바다를 물었는지
퍼덕퍼덕 거친 물살을 온 몸에 안은 채
이빨과 눈알
바다의 허리를 휘게 하는 광기
은빛 비늘이 벗겨지는 것 즉
생을 벗기는 것

일생이 한 순간에 떨어져 나간다

담쟁이 속을 들여다보다

붉게 물든 잎들
빈 감방 쪽으로 바라보고
고요 속
텃새들의 흐느낌을
꽉 붙잡고 있다

그들의 속앓이 속으로
햇살은 수시로 드나들 뿐

하얀 화석으로 윤회한 서러움
옹이를 실은
바닷바람
넝쿨에 매달린
보리피리

숨결만큼
피우고 지운다

멀리서 불빛이 흔들린다

빛을 따라 간 적이 있습니다
터널 속으로
자동차의 불빛은 그냥 지나갑니다
민들레 씨방조차도 날아들지 않나 봐요
구름은 있는데 비는 오지 않아요
바람이 없는 까닭은
살아있는 자연이 없다는 거죠
살아 숨 쉬는 불빛은
노란 둑을 막아 놓았어요
그 둑을 넘으면
붉은 피가 낭자 한다지요
그냥 지나갈 뿐 머물지 않는 곳
먼지와 불빛만
그 속에서 흔들거린다지요

고향에 고향이 보이지 않는다

그곳은 어머니의 허리가 굽은 곳
빛으로 태어났던 곳
나팔꽃이 탱자나무 가시 속에서
꽃 피우던
부모님의 울타리 같은 곳
때로는 해바라기로 살던 곳
변신을 꿈꾸고 변신을 거듭했던 곳
크게 보였던 것들 작게 보였다
묘목이 고목이 되어서일까 아니면
눈의 높이와 낮음의 탓일까

삐삐꽃 피는 언덕은
보이지 않는다

가 족

개미는
땅 속 썩은 나무의 등걸에
발자국의 소리로 집을 짓고
촘촘한 흙담으로 쌓아 올린
캄캄한 산실에서
새끼를 친다

낡은 폐선

주막도 없는 부두에
낡은 목선 하나 우두커니 매달려 있다
뱃고동 소리를 닮은 돌핀
집어등을 닮은 해파리
별빛처럼 스멀거린다
밀물에 떠나보낸 옛사랑의 그리움과
덜커덩거리는 향수
썰물에서 건져낸다

낡은 목선
낡은 유행가
갈매기 울음에 젖는다

그림 그리기

지난봄에 선희가 콩 4개를 화분에 심었다
소꿉놀이를 하다가 심었다
선희의 속살을 꼭 빼닮은 속살
옹알이가 정말 시끄럽다
그렇지만 선희가 옹알이 할 때 보다는 훨씬 덜
시끄럽다
씨앗은 잎 새에서 줄기로. 꽃에서 씨앗으로 생을
완성한다
내가 그림을 그릴 때에는 구부리고 비틀기도 한다
어둔한 머리로 굴리고
노략질을 할 때도 많다
이것저것 생각을 해보다가 부채처럼 펼쳐진
앞산을 눈으로 한 바퀴 휙 둘러본다 그러다가
서투른 그림을 그리고
그것이 지겨우면 소꼽놀이도 한다
그때 컴퓨터 모니터에 떠오르는 내 생각의 씨앗을
줄줄 뿌리고
음표도 그려 넣고 리듬으로 박자를 맞추어 본다
이것이 내가 그림을 그리는 과정이다
선희가 콩에 흙을 서툴게 덮어도 움이 튼 것처럼
나의 그림에도 파릇파릇한 움이 튼다

장복산, 조각공원

간간이 뿌리는 꽃비
먼 바다를 훔쳐보고 있다

소나무가지와 벚꽃 사이에
떠 있는
벌거벗은 사내아이의
바이올린 바다는
그리움의 선율을
돛단배에 심었다

미니스커트와 단발머리의
팔등신 아가씨는
바닷바람에서
소식을 띄운다

여인상

벌거벗은 채 쪼그리고 앉은
여인의 머리에서 사슴 뿔 하나
공중으로 뻗고 있다
서정시와 서사시가 연기처럼 피어나고
여인의 봉곳한 가슴은
아직 봄이다
무릎에 받쳐진
여인의 이마엔 연산홍이 피고
그녀의
허리둘레와
어깨 죽지에
모처럼 날아든 나비 한 마리,

고물상

엉키고 찢긴 폐지로 예쁜 종이집을 지었다
목쉰 뻐꾸기시계와 달력은 시간을 멈추었고
멍투성이 밥솥은 주방을
암흑 속에서 세상을 감춰버린 TV로
거실을 꾸몄다

추억은 서가에 꽂인 책 페이지 속에
못 다한 꿈은 후회를 하고
뉘우침은 빗살에 잠겼다

비야 오지 마라
눈아 내리지 마라
얼음아 녹지를 마라

예쁜 종이집이 무너지고
내 다듬어진 인생에 흠집이 나면
나-도 고물상으로 갈 수밖에 없지 않겠니

달무리 속의 달

언덕배기에 뭉텅뭉텅한 무리로
허연 달의 꼬랑지를 붙잡은 채
이슬에 머리 감고 있는 널
달맞이꽃인 줄 모르고
참깨나무라 불렀어

씨방이 닮았거든
넌 토라져 입술을 아물어 버렸지

그래서
자궁 속 너의 종자를
다글 다글 볶아서 압축기로 꾹-눌러
진액을 내 몸 속에 가두고

또 무리 속으로 살금살금 기어들어가는
나를 못 본채 해다오

산이 소리를 한다

고압선이 찌리리 소리를 한다

수액을 퍼 올리고
나뭇잎은 단풍으로 물들고
바위도 흔들흔들
공기도 햇살과 부딪치고
빗물은 뿌리를 적신다

폭포수는 모든 시름을 안고 큰 소리로 운다

산 속 소리들이 나를 가둔다
언어를 만들어 내려고

소리를 만들어 내는 것은 산뿐만이 아니다

나도 소리를 잡아먹는 소리를 한다
오랜 시간이 지나면
나도 시간의 소리로 남을 것이다

건 물

모래 철근 목재는 음악이며
공간예술의 디자인은 미술과 같다
석굴암의 석불과 만리장성 콜로세움
불가사이한 건물
노출과 표현으로 조각물의 머리를 둘러싸고 있다
모래 철근 목재에서 새어 나오는 소리를
음악처럼 듣고
구조를 미술처럼 본다면
꽃에 나비가 앉는 것처럼
눈이 부시고 시릴 것이다

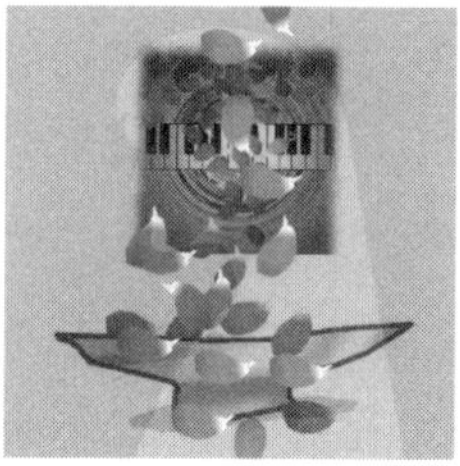

상

매화꽃 초봄의
월계관을 쓰고 나타났다
올림픽과 음악 미술 문학상
월계수 잎을 엮어 머리에 쓰고 나타났다
민들레, 죽어서도 홀씨를 날리듯
월계수 잎
민들레 홀씨처럼 잎으로
영광을 날린다

하 지

저 뜨거운
한 낮의 열꽃이 피어오르는 걸 좀 보세요
머리 푼 햇살이 이글거리는 것이며
꿀벌들이 뭉텅뭉텅 쏘다니는 길목이며
초록이 햇살을 휘감는 것이며
바람이 더위를 밀어내는 소리며
발을 땅에 딛지 못하고
현기증 내는 꽃무리들

하지의 햇빛에
긴 하루의 일상이 묻히고 있다

봉래상회

봉래
건너편 소아과 의원 간판이 빛바랜
가족사진처럼 걸려있다

햇살과 비 눈이 몇 번이나 왔다 갔는지
사진에 엉겨 붙은 얼굴들
담쟁이넝쿨 손처럼 붙어있고
나이 먹은 감나무의 껍질은
나와 동갑내기인 것 같다

씨앗들의 발아가 멈췄을 때
봉래상회는
발굴된 화석처럼 조용하다

제 4 부

신경통

버들강아지를 닮은 돌 복숭아
햇살이 만지작거린다
제법 보송보송한 잔털을 어漁루만지는 실바람
휘어진 가지 볼연지 칠해지기도 전에
변덕스러운 신경통이 다시 도진다

붉어지는 핏줄 무슨 얌체로
버들피리
보리피리
불어대겠나 마는

묵은지 세월에
돌 복숭아
햇살 받아먹고 살찌겠네

사 건

샛별하나
막 떠오르는
붉은 해를 데리고 온다
그럴 때면 뇌도 우주처럼 크게 움직이고
지구처럼 단단해지기도 한다
폭풍이 덮치고
지진으로 땅이 갈라지고
이소연이 우주비행을 한다
팔만대장경과 어린왕자 해저2만리
세계를 움직인다

나는 아직
이불 속에 있다

건축사

벌, 건축설계사다
육각형 공법만 주장하는 공법사이다
공중에 하얀 길을 내고
나뭇가지에
초록의 길을 내는 토목공법사이다
햇빛과 새싹 꽃잎과 단풍
구름과 비바람의
타액으로 설계하고 건축하는
종합 건축사다

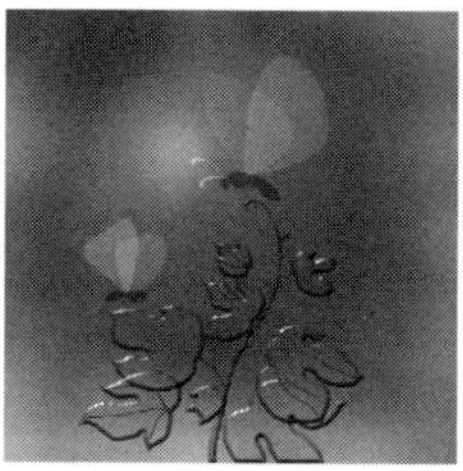

안압지에서

깃털을 세우며
등치 큰 말의 엉덩이에 가시연꽃을 피우고
칼을 휘두르며
위풍당당하게 타박타박 걸어 와
남기지 못한 말을
사금파리 몸짓으로 남겼다

화관을 쓴
가시연꽃의 허리는 엇박자 악사가 된다

맑은 날

따끔따끔한 햇살이
나무에 매달린 초록에게 안길 때

진흙 속

가시연꽃이
화들짝 웃는다

덕정공원

신라시대의 사람들이
초가를 짓고
우물을 파고 매장 된 토기를 파헤쳐진
표지판 그 아래
7080 Live 레스토랑

붉은 띠를 가슴에 얹고
Yesterday로 세월을 붙잡는 대게는
동행과
사랑이여 내 사랑아
모닥불에서 기타와 함께 타고 있다

매화꽃에 편지가 도착 될 무렵

잔디와 잔디 사이에서

관동리천에 시냇물이 흐르듯
목련꽃잎 한잎 두잎 떨어진다

며느리밥풀꽃

분홍색 치마저고리에
밥풀꽃이 몇 개 피었는지를 생각해 보세요

호롱불에도
재봉틀에도
부엌에도
밥상에도
울화가 치미는 심장에도

질투
치마폭에서
꽃으로 피어나
울고 있는
며느리밥풀꽃

교차점에서의 풍경

강과 바다가 몸을 섞을 때
갈대는 속살을 햇살에게 내어준다
참게에게도 오물오물 먹힌다

썰물이
밀물의 허리를 잡아 챌 때
자잘한 뿌리는
참게의 등딱지에 진흙 마사지를 해주고
수백 개의 종種을 달아준다

종種이
갯벌을 깨울 때
발가락과
허리의
나긋나긋한 춤사위

귀 열린 풍경

석양의 빛이
갈대숲을 풀어낸다

메밀꽃

노을빛이 쏟아져 내릴 때
별을 닮은 꽃송이들
사랑한다 사랑한다 벌떼들의 입술에
입술을 포개어 본다
가을과 열애에 빠져 몸살을 앓는 꽃잎들
솔바람 타고 싸락눈 되어 흩날릴 때
가냘픈 꽃대궁에 매달린
씨방 속의 꽃씨
떨어져
새하얗게
꽃구름으로 태어 날 가을을 또 기다린다

가을나뭇잎 소리

나뭇잎은
뿌리에게 목마르다 한다
노란 물을 퍼 올려주는 줄기
미세한 혈관에
짧은 햇살이 스며든다
형형색색 물드는 소리에
소나무는 멀뚱하게 침만 놓는다

가을 하늘
산과 바위
물들여진 나뭇잎

바람이 일어
소리들의 향연이
은빛 억새꽃에 맴돈다

명 함

깡마른 삭정이 깡마른 북어같이
암 투병 중인
모과나무
한마음병원 1인실에 입원했다
울컥하는 감정을 창밖으로 내 던지자
햇살도 울컥울컥 울먹였다

꽃상여의 환승을 기다리는
팔십 송이의
꽃과
열매
습윤 속으로 넘나들었다

출렁이는 시간 속에
모과 한 알
툭 떨어졌다

물안개 피는 강가

호박넝쿨이
배롱나무 줄기를 휘감고 있다.
늙은 꽃 벌들에게 방을 내어주고
무게에 짓눌린다

뿌리의 가냘픈 흐느낌

은빛 바람 일어
흩날리는 꽃잎
피어오르는
가을 햇살

나와 눈을 마주한다

하지 정맥류

근육사이로 질주하는 거미
오래 서 있으면 후들거려
마음 절이며 서 있다
흙 장미 봉오리를 닮은 생강
대못하나 없어도
무너지지 않는
완강한 근육
서까래 얹음 없어도
기울지 않는
울록볼록 옹기종기 버티는
파란 거미집
그 집 주인은 거미가 아니라
하지 정맥류이다

겨울과원

햇살이 땅속을 찜질을 한다

잔뿌리가 수액을 퍼 올려
나무의 결을 따라
검버섯을 벗기려는 순간

폭설이 머물다 간 자리에
허기진 텃새는 온몸을 파르르 떨었다

나무의 심장을 어루만져
새순의
눈을 틔울 햇살 한줌
바람은
겨울과원을 지나간다

외 출

나이테 밖을
한 번도 떠나보지 못한 소나무
파랑 빨강 주황의 불꽃을 풀어
대나무와 매화를
구름 속으로 불러들인다
솔잎 향기도 채운다

바람조차도 지나갈 없는 그 곳

수천 년 속으로 잠적 할
영혼으로 승화한다

고열에서의
비애를 벗고
미래 속으로 외출을 한다

드래곤 플라이

학교 정문 앞
울타리에
잠자리가 날개를 짝 펴고도
날지도 앉지도 못한다
세 살짜리 꼬맹이
잠자리는 영어로 뭐지요
대학출신 엄마 쩔쩔 맨다
드래곤 플라이야
꼬맹이는
묻는 것도 대답도 혼자서 한다
엄마 뱃속에서 영어를 듣고
영어노래도 불렀다는
꼬맹이

떠들썩하다 요즘

봄, 앓는다

산 벚꽃 사이사이에
동백의 피가 낭자하고
허리 굽은 소나무를
등 굽은 바위가 받쳐 들고 있다

진달래
불꽃을 피우고
민들레
잔디 속에서 샛노란 숨을 몰아쉰다

꽃잎이
비단잉어처럼 떠다닐 때
햇살은
상춘곡을 부른다

나무가 나무에게

어쩌다 우리가
로맨스로 코를 킁킁거릴 때
노란 바람을 날리는 암컷
수컷들도 흥흥 거리며 날갯짓 한다
헤아릴 수 없는
수컷과 암컷의 그 짓
비린 양수를 뿜어낸다

미련을 떨쳐 내려는 로맨스
봄 수컷
봄 암컷에게 말한다
하얀 잔설殘雪 속
살얼음이 계곡에서
물의 소리
가두는 것을 들어 보라고

황지 못

산의 허리를 휘감고
푸른 들판의 심장을 가로질러
샛강에서 흐르는 물
일천삼백리

호수 같은 강물
씨앗의 고향이 되고
꽃잎 되어 돌아가지 못하는 그 꽃
낙엽 되어 소신공양 한다

노을 빛이 놀다가는
악양루 나루터
처녀 뱃사공

화강암에 기댄
노래 비 속으로 노를 젓는다

노란 손수건

일몰을 걸은
철조망 사이사이에
평생을 가둔 그리움은
일출을 기다리고 또 기다렸다

해바라기 꽃
남과 북을 애절하게 바라볼 때
하얀 국화 꽃잎 떨어진다

바람의 언덕에서
사라진 눈물
옹아리를 한다

꽃바구니

그 속에
꽃만 있는 것은 아니다
길고 짧음의 길이만 있는 것도 아니다
깊고 얇음도 깔려있다

안개꽃
장미꽃의 생애

양수를 직방으로 빨아
받쳐주는
꽃대는 서까래이다

모 래

발자국을 남긴다
구두 운동화 꽃신 고무신 짚신
크기와 모양이 다르게
용기가 모래 위로 걸을 때
희망이 용솟음 친다
두려움도 없다 그러나
떨림은 있다

만월이 수평선에 걸릴 때
바다 비린내와
모래 파장
헐거움과 고적함으로 고요할 때

내 눈에서 모래가 뒹군다
바람이
발자국을 덮는 것처럼

육성의 패스티쉬와 서정의 양식樣式

- 안미자의 『불륜』과 탈 중심주의 시학

엄 창 섭(관동대 교수, 아세아문예 주간)

1. 영혼의 잠식蠶食과 감성의 시학

현대시론에서 패스티쉬(pastiche)는 패러디(perody)와 같은 모방적 기교를 의미한다. 제임슨(F. Jameson)이 주창하듯 포스트모더니즘의 대표적 기법인 패스티쉬는 풍자적 의도가 없는 혼성모방으로 두 가지 상황을 발생시킨다. 하나는 새로운 세계와 스타일이 모두 소진되어 더 이상 독창적인 스타일의 혁신이 불가능하여진 고갈의식이고, 다른 하나는 가정법을 구사해서 언어적 규범, 곧 패러디의 대상이 상실되고 언어의 다양성만 남게 된 현상학적 수사이다. 이 점에 있어 모방되는 텍스트를 비판하거나 풍자하려는 의도가 없음을 수시로 확인시키는 경남 함안

태생인 안미자 시인이, 첫시집 『멀리서 불빛이 흔들거린다』 간행 이후, 정신적 생산물의 총합인 『불륜』의 탈 중심주의 시학은 곧, 육성의 패스티쉬로서의 서정 양식이기에 충직한 독자들의 관심을 모으기에 부족함이 없다.

모두에서 천명하는 바이지만, 항시 애매 모호성에 대한 의문의 해명에 몰두하는 안미자 시인의 소박한 시격詩格은 담백하고, 풀꽃의 향내를 풍겨내는 기품이 있어 그의 시 읽기는 거부감이 없다. 기억 흔적에 오래 남겨두어야 할 지적이지만, 그 자신이 정신적 피폐함으로 절망의 끝이 보이지 않는 궁핍한 시대를 살아가는 현대인들에게 꿈의 날개를 달아주고 정신적 상처를 치유하는 작업에 열중하는 행위는 지극히 창조적이다. 일단, 미적 주권과 생명에의 변주라는 기본 틀 위에서 소외된 이웃의 끌어안기라는 모성의 평온함을 안겨주는 그의 시적 분위기(情調)는 신선한 감동으로 해석되어진다.

끈끈한 삶의 연계선상에서 씌어 진 그의 시편들은 자신의 분신과도 같은 기억 흔적으로, 자연친화적인 대상을 시의 종자로 하여 존엄한 삶의 일상을 시적으로 형상화한 것이기에 친밀감을 안겨준다. 이 같은 인식은 언어의 절제된 힘과 깊이를 통해 충직한 삶의 내면성을 풀어 보인 탈 중심주의 시학이기에 어둠과 절망을 무너뜨리는 구원의 징표로 풀이되는 일면을 지닌다. 바로 이 점은 그간에 시인이 추구해온 따뜻한 정신기후의 조성이기에 그의 시 정신이 직조織造해 놓은 그만의 빛나는 꿈과 새와 바람은 풀꽃의 향기로 채색될 수 있기에 독자들 또한 행복감에 취할 수 있다. 성균경 회장(한국시민문학회)의 지적처럼, "안미자 시인에게는 언제나 선심으로 행하는 믿음이 있다. 인간과 자연을 감싸고 있는 따뜻함과 순수성이 삶의 근간이 되어 그를 바른 길 위에 답보하게 한다...생략... 이 시대에 꼭 필요한 순결한 영혼을 가진 실천하는 목소리이다."

어디까지나 순결한 영혼의 소유자인 안미자 시인의 시적 이해를 돕기 위해 항목을 구분 지어 탐색한다면, 첫째는 전통적인 소재를 자신의 언어로 시화詩化하려는 노력의 현저함이고 둘째는 삶의 현상에서 접목되는 다양한 소재의 자유로운 취급과 감성적 시학을 확립하여 서정의 표출로 고정화하려는 경향과 복잡하고 다양한 어조와 어법을 단순화하여 끊임없이 생명의 변주로 형상화 한 점일 것이다. 일단, "유리창 너머로 비치는/ 한 줄기의 빛(불륜)"처럼 비록 일상적인 삶에서 흑암을 밝히며 영혼과 상반되는 육체(본능)를 "육화의 패스티쉬와 서정의 양식"으로 조화롭고 가식 없이 기호화 한 안미자 시인의 따뜻한 감성의 시를 함께 긴장하며 조금은 찬찬히 응시해 보기로 한다.

2. 시적 감응과 언어의 결합

히치언(L. Hutcheon)은 "낭만주의가 패러디를 '기생물'로 거부하는 것은 예술을 개인의 소유물로 보는 자본주의 윤리관의 성장을 반영한 것"이라고 주장한 바 있듯이 이러한 것은 마르크스적인 것을 대변한 이론으로 인식할 수 있다. 일단, 꿈의 시학으로 지칭되는 안미자 시인의 시정신은, 비교적 생명적이고 푸른 꿈이 내재되어 있는 식물성 언어로 직조된 전율 같은 가슴 떨림이며, 동시에 그만이 겪는 기억 뒤편의 잊혀 진 황홀함과 감동에서 비롯된 행복한 언어의 집짓기에 해당된다.

> 황색피부에 각선미를 노출하고/ 실크스카프로 하체를 살짝 감추고 반듯하게/ 누운 여인이 너와 나 사이라는 판타지/ 실오라기 하나도 걸치지 않은 채/ 그녀의 질膣 속으로 침몰沈沒한다/ 그들의 나신裸身이 화끈 달아올라도/ 남을 두려워하거나 의식조차 하지 않는 / 알몸에 사람들이 플래시를 켜도/ 수줍어하거나 숨거나 도망치지 않는다/ 별빛이 하나 둘 점멸漸滅하고/ 아침이슬 같은 반짝이는 땀/ 알몸에 방울방울 묻어나고/ 유리창 너머로 비치는/ 한 줄기의 빛//
> 부적절한 관계를 즐기는/ 사람들로 가득한 현장//
>
> - 〈불륜〉 전문

"부적절한 관계를 즐기는/ 사람들로 가득한 현장"은 우리네 삶의 현실적 공간으로서 이 시대 슬픈 운명의 정신지리지精神地理地의 단면이기에, 안미자 시인의 용기 있는 항변은 화자(persona)가 관찰자 시점에서 지극히 섬세하게 한순간의 놓침 없이 전개되는 치열한 삶의 단면을 형상화하는 것이다. "남을 두려워하거나 의식조차 하지 않는/ 알몸에 사람들이 플래시를 켜도/ 수줍어하거나 숨거나 도망치지 않는다"는 사회심리학적으로 온전하게 이해될 수 없기에 시인과 독자의 소통疏通에 있어 작화증作話症의 해석으로 견주어진다. 여기서 '불륜=통간通姦'이라는 보편성에 관해서는 참고할 바이지만 팜므파탈(Femme fatale)은 근대성을 둘러싼 여성과 남성간의 갈등과 불안정의 표지인 '숙명적인 여성의 이미지'로서 욕망의 우상, 공포의 대상, 파멸의 함정으로 합성되어 문화 전면의 주요 도상圖上으로 부각된 점은 감안할 필요가 있다.

> 파도를 들이키며/ 수평선 너머의/ 중생대와 눈을 맞추었다/ 사람들은 서둘러/ 먼 신화를 찰가닥찰가닥 찍어댄다//
>
> -〈상족암, 중생대〉에서

> 어스름 짙은 베란다 밖 가로등도/ 밤의 플러그에/ 간힌 것을 알았다//
>
> -〈플러그에 갇히다〉에서

꿈의 기억에 관한 문제는 부차적인 문제이고, 현실적으

로 눈앞에 놓여진 잔상에서 '먼 신화를 찰가닥찰가닥 찍어 대거나, 밤의 풀러그에 갇힌 것 예감'하며 시적으로 형상화하려는 접근법은 그저 기발한 시적 발상이기에 관심을 이끌어내는 인자因子로서, 또는 조력자로서의 작용에 해당한다. 모두冒頭에서 안미자 시인은 자신만의 느낌, 색깔을 수시로 시편을 통해 확인하면서 삶의 여정을 숨 가쁘게 질주해 온 존재이다. 특히 강인한 생명력을 시적 상상력으로 확장하면서 시화詩化한 그 자신이 평화주의자로 온유한 심성의 소유자라는 근거는, 「낙동강문학」을 축軸으로 눈부신 생명의 꽃을 활활 불지르는 열정과 즉물적인 대상을 직관력으로 의미 있는 생산물로 창출하기 때문이다.

바람이 일어/ 소리들의 향연이/ 은빛 억새꽃에 맴돈다//

- 〈가을나뭇잎 소리〉에서

은빛 바람 일어/ 흩날리는 꽃잎/ 피어오르는/ 가을 햇살 //

- 〈물안개 피는 강가〉에서

바람이 일면 소리들의 향연은 시작되고 그 향연의 정감은 은빛 억새꽃에 맴돈다는 발상전환이나, 은빛 바람이 일면 꽃잎은 흩날리고 지는 꽃잎에 눈부시게 조락凋落하는 가을 햇살의 생리 또한 "산 벗꽃 사이에/ 동백의 피가 낭자하고/ 허리 굽은 소나무를/ 등 굽은 바위 받쳐 들고 있다(봄, 앓는다)"에서 접목되듯 산 벚꽃 군락에 붉은 동백꽃, 그리고 이기주의로 치닫는 비열한 인간사회를 냉소하듯 허리 굽은 소나무를 등 굽은 바위가 받쳐 들고 있는 생태시학적인 안미자 시인의 정신기후는, 지극히 순수한 심성에서 연유한 생명경외의 친근함으로 풀이된다. 이처럼 언어의 결합으로 해석되는 그의 시편들은 삶을 관조하면서 체험하고 확인된 교시적인 언어로 조심스럽게 직조해 낸 생산물이기에 감동을 일깨워주는 힘이 있다.

> 붉게 물든 잎들/ 빈 감방 쪽으로 바라보고/ 고요 속/ 텃새들의 흐느낌을/ 꽉 붙잡고 있다//
>
> -〈담쟁이 속 들여다보다〉에서

> 숲 속에서 바람을 엿들었다//
> 뿌리의 관절에 떨어진 햇살/ 나무와 나무 사이/ 계곡과 계곡 사이 오가며/ 물의 소리를 읽는다//
>
> -〈겨울 숲에서〉에서

'담쟁이 속을 들여다보기나, 겨울 숲 속에서 바람을 엿듣는 정신적 행위'에 있어 혹여 실체의 껍질을 벗기고 일순간 깊은 사상에 몰입하는 정신력이 직관적이라면, 사물의 전체를 거시적 입장과 영원한 시간의 관점에서 주시하는 정신력의 한 방법이 관조의 세계임은 인지할 필요가 따를 것이다. 여기서 놀랍게도 "숲 속에서 바람을 엿들었다/...생략.../ 물의 소리를 읽는다(겨울 숲에서)" 라는 시행을 통해 충직한 독자들은 그의 체온이 따뜻하고 음성이 부드러우며 항시 홀로 있기라는 사유思惟의 창窓을 열어 놓고 예감의 눈빛으로 일상의 대상물을 응시와 투사, 그리고 교접交接하려고 오랜 날 고뇌하고 있음을 유추할 수 있을 것이다.

> 맑은 날//
> 따끔따끔한 햇살이/ 나무에 매달린 초록에게 안길 때//
> 진흙 속/ 가시연꽃이/ 화들짝 웃는다//
>
> ― 〈안압지〉에서

모름지기 삶의 흔적을 남기는 존재로서의 인간은, 몸담고 있는 현실이 때로는 불확실성과 생명경시의 충격으로 참담함을 안겨줄지라도 조금은 자신의 여유로움으로 이 불신의 사회를 변화시켜 나가기 위해서는 사유의 시간을 지녀야 한다. "진흙 속/ 가시연꽃이/ 화들짝 웃는다"의 시적 수법을 통해 확인되듯 혼돈(chaos) 앞에서 "빛이 있으라." 명하신 창조주가 이 땅에 우리의 목숨을 허락하여 주신 것은 존엄하고 분명한 시대적 소임이 있기 때문이다. 이 점에 있어 매사에 신중하되 열정적인 안미자 시인은 자신의 시적 재능인 비장한 통찰력으로 미세한 움직임도 놓치지 않고 〈안압지〉에서 감지되듯 사물의 정수精髓를 관통貫通하는 빛의 화살로의 변형·추이일 것이다.

3. 생명적 기호와 의지의 접합接合

일반적으로 진리와 정의의 표징인 빛은, 어둠을 밝히며 무지를 무너뜨리는 저력을 지니고 있다. 때문에 한 사람의 양식을 지닌 시인에게 있어 자기 흔적을 남기려는 고뇌의 작업은 실로 눈물겨운 정신작업이다.

내 각막
빛으로 땅 속을 빠개었다

거대한 불의 변주곡이 울려
포도송이가 용암으로 흘러내리고
민달팽이를 닮은 사람들이
부글부글 끓는 잿물에서 굳어갈 때
여인들의 몸에서 금화가 울고 있다

- 〈폼페이의 잠〉에서

이와 같이 안미자 시인에게 있어 항시 눈감아도 흘려버린 시간의 틈새에서 존재의 뿌리를 삶의 공간에서 다시금 재현하려는 상상력의 확장은 놀라움이다. '거대한 불의 변주곡 뒤, 끓어오르는 용암이 굳어갈 때 여인들의 몸에서 금화가 울고 있다.' 탐욕, 인간의 부조리를 군더더기 없이 말끔하게 처리한 수법, 이처럼 충직한 한 사람의 실체로 투명한 음조音調를 쏟아내며 거대한 숲이 황폐하면 끝내 새들의 안식처와 노래마저 살아지는 현상을 일깨워 새로운 의미를 교시敎示하여주는 그는 분명 예감의 시인이다.

기실 비정한 시대에 몸담고 있는 우리네 삶에 있어 사는 것만이 문제는 아니다. '영원히 살 것처럼 배우고, 내일 죽을 것 같은 절박한 심정으로 오늘을 살아야 하듯이' 모름지기 지금 이 시간은 저마다에게 주어진 최초이며, 최후의 시간대라는 긴장감 속에서도 '어떻게 살아야 의롭고 빛 된 삶의 흔적을 남길 것인가?' 라는 역사인식을 지니고 한번쯤 고뇌하는 자성의 시간을 확인하면서 유서를 쓰는 진지한 심정으로 남기는 원고지 칸을 진지하게 메우는 정신작업은 소중한 행위임에 틀림이 없다.

안미자 시인은 냉소적이고도 불안한 시대의 늪을 건너며 살아가는 우리네의 비극적 불행은, 마침내 소중한 일(직업)을 위해 애씀의 땀을 흘리기를 거부하고 옳고 그름보다도 소멸될 일시적인 것들을 위해 사로잡히는 어리석음에서 기인함을 못내 경계하고 있다. 그 자신 삶의 일상에서 주어지는 의문을 역사인식 즉, 문화인식의 확장으로 꼬인 실타래를 풀어가듯 "귀 열린 풍경風磬// 석양의 빛이 / 갈대숲을 풀어낸다(교차점에서의 풍경)"처럼 꼼꼼히 확인하며 구명하려는 그의 열중은 실로 눈물겹다.

특히 화해의 인간관계를 모티프로 설정한 〈장터에서〉 "땀방울 맺힌 이마의 주름살 위에/ 노을빛은 숨을 거둔다" 이처럼 노동의 신성함과 결부지어 일몰의 장엄함을 감성적으로 처리한 그의 시적 형상화는, 자신의 꿈을 성취하기 위한 경계 허물기이며 고정관념을 깨는 놀라움이다. 우리에겐 언제나 쓰고 남는 목숨의 시간이 허락되는 것이 아니다. 생명적인 것은 물질적인 것보다 영원한 것이기에 선하고 의롭고 정직한 일을 해야 할 기회 또한 항시 주어지는 것은 아니다. 이 점에 있어 소외된 이들의 상처 깊은 영혼을 치유하고 까닭 없이 들뜬 마음과 한 순간의 증오를 잠재우기 위해 '사랑받는 아내, 존경받는 모성으로서의 소임'을 수행하면서 한편의 아름다운 시를 촉매로 생산하여, 감동을 안겨주는 눈물겨운 행위는 그의 시격詩格을 보다 눈부시게 한다.

앞치마의 고뇌는/ 풍경의 소리를 그려 넣지 못한다//
-〈설거지를 하며〉에서

하찮은 일에도 성실함을 보이는 주의집중이 그만이 지닌 시적 매력으로, 시를 떠받들고 있는 힘이다. 비교적 심성이 고아하고 담백한 안미자 시인이 분신과도 같은 시편을 통해 투박한 언어를 조탁한 애씀의 편린片鱗들은 놀랍게도 우리의 빈곤한 삶을 넉넉함으로 다스리는 뜨거운 심장과 시를 읽는 기쁨을 통해 감미로운 다이돌핀을 쏟아내게 만든다. 여기서 식물성 언어를 구사하여 풀꽃 향을 풍겨내는 가슴이 따뜻한 그의 시편을 손금을 보듯 찬찬히 들여다보고 음미하면 한순간 마음에 평정을 얻게 된다.

지상에 갈앉는 나직한 톤으로 〈꽃바구니〉에서는 자신의 본원적 그리움을 "안개꽃/ 장미꽃의 생애"로 변주시키며 자연친화적인 귀소심리歸巢心理로 노래하면서도 그 자신은 난해함이나 불필요한 시적 기교를 거부한다. 바람에 흔들리듯 세월의 물발에 온 몸을 부딪기면서도 "양수를 직방으로 빨아/ 받쳐주는/ 꽃대는 서까래이다"처럼 흔들림이 없는 그 요체要諦를 깔끔하게 처리한 시상詩想은 칙칙한 어둠이 없기에 빛으로 발화發火한다. 빛은 곧 생명이며 말씀(logos)의 표징으로 어둠과 절망의 상대적 위치에 자리하기에 정신적 기후를 따뜻하게 조성시켜주는 안미자 시인의 시편에는 가식적 언어의 치장이나 지나친 기교적 장치는 배제된다.

> 낡은 목선/ 낡은 유행가/ 갈매기 울음 젖는다//
>
> -〈낡은 폐선〉에서

> 해바라기 꽃/ 남과 북을 애절하게 바라볼 때/ 하얀 국화 꽃잎 떨어진다//
>
> -〈노란 손수건〉에서

정신적 피폐함으로 혼돈의 시대를 살아가는 대다수의 이들은, 양심의 소리에 귀 기울이기를 거부하고 있기에 암담하게도 입술에 영혼의 노래를 결코 담을 수 없다. 분노와 폭식, 탐욕으로 인한 조급함과 냉소, 상대방에 대한 언어의 배려가 없기에 항시 어둠에 쫓기는 불안한 생을 살아가고 있다. 가끔은 일상적인 삶에서 '퇴색한 유행가

또는 갈매기 울음에 젖는 버려진 폐선 앞에서, 현실적으로 하얀 국화 꽃잎이 나락지는 현상을 불행하게도 외면한 이들을 위하여 해바라기 꽃의 생리가 태양을 응시하듯 남과 북을 애절하게 주시하며 그 나름으로 〈낡은 폐선〉, 〈노란 손수건〉에서 '포기하지 말라고, 단념하지 말라'고 이렇게 영혼의 서정적 미감을 통해 들려주는 안미자 시인의 생산적인 정신작업을 불멸의 노래라 칭하여도 결코 지나침은 없을 것이다.

비열한 이기주의에 사로 잡혀서 우리의 사회는 음울하다. 특히 이 땅의 지도층 인사나 공직자들은 불행하게도 무가치한 것들을 위해, 뒤돌아보는 여유 없이 안타깝게도 앞만 보고 달려 왔다. 그 결과 실의와 패배, 좌절감으로 치유 받기 힘겨운 정신적 유산으로 남기게 되었다. 진정한 인간성의 회복은 경천애인敬天愛人의 행위에서 비롯되며 어디까지나 '타인에 대한 배려와 연민의 정의 발현'으로 그것은 삶의 넉넉함에서 기인되는 것이다. 일단, 궁색한 필자의 변명 같지만, 안미자 시인에 대한 작은 배려로 현대시의 현상과 존재론적 해석이나 판단을 잠시 접어 보기로 하지만, 그 자신이 추구하는 이상적 공간은 "꽃들은 모든 것들을 위로 한다/ 땀방울 맺힌 이마의 주름살 위에 / 노을빛은 숨을 거둔다(장터에서)"와 동일한 내면의 풍경화로 자리해 춤과 노래로 변주되어 때로는 출렁이고 육화肉化된 삶의 현장이다.

이처럼 그 자신이 상재한 시집 『불륜』을 통해 확인되는 시적 특이성은 다소 뜨겁게 달아오른 생리와 갈등의 모순 구조적 경향을 경시할 수는 없지만, 생의 달관에서 비롯된 넉넉함, 곧 여유로움으로 해석할 수 있다. 그것은 앨리엇(T. S Eliot)의 발상처럼 신비스런 동반자(companion)로서의 시 쓰기와 동일하다. 특히 이 땅의 어떤 시인보다 순수서정의 시를 형상화하려고 애쓴 흔적이 역력한 그에게 거는 소박하고도 절실한 기대는, 우리의 정신세계를 더 이상 현란하게 하는 모순된 언어유희言語遊戱(pun)에 이끌리지 말고 자기의 육성, 냄새, 느낌이 있는 시적 영토를 확장하라는 것이다.

결론적으로 영혼의 잔을 채우려는 우매함보다 비우려는 성숙함을 오랜 기간, 구도자의 자세로 일깨워 온 안미자 시인은 거부감 없이 우리 곁에 자리한 모성적인 시인이다. 그에게 기대하는 한결 같은 소망이라면, 비틀기보다 소외된 이들을 위해 소중한 언어의 식별력을 지니고 다가가는 품격 있는 시인으로서 예언자(A prophet)적 소임을 당당히 수행하되 차별화된 시인의 정신적 기후도 조성하라는 당부를 글의 말미에 남긴다.

불 륜

인쇄 2008년 7월 9일
발행 2008년 7월 20일

지은이 안 미 자
펴낸이 김 창 석
펴낸곳 홍익출판사

대구광역시 중구 삼덕3가 245-2
☎ (053) 421-6700, 427-3627

ISBN 978-89-7826-190-6 03800

정가 8,000원